Christa Maria Böckmann

Lyrik-Fieber

Facettenreiche Stimmungslyrik zum Lachen, Weinen, Träumen und Nachdenken.

Bibliografische Informationen der Deutschen Bibliothek
Die Deutsche Bibliothek verzeichnet diese Publikation in der
deutschen Nationalbibliografie;
detaillierte bibliografische Daten sind im Internet über
http://dnb.ddb.de abrufbar.

2. Auflage 2020
Copyright Christa M. Böckmann
Herstellung und Verlag:BoD – Books on Demand, Norderstedt
Umschlaggestaltung: BoD und Christa M. Böckmann
Technische Bearbeitung: Björn Herrmann

ISBN 9783752642353

Inhaltsverzeichnis

Teil 1 Lyrik zum Schmunzeln

Das Kamel

Voller Wonne stand ein Kamel in der Sonne, im feinen Sand am Strand, der Besitzer es an den Sonnenschirm band. Der Sonnenschirm mit Stroh bedeckt, das Kamel sich seine Zähne bleckt, mit jedem Biss von mal zu mal, frisst es dann den Sonnenschirm kahl!

Die Katze

Lautlos schleicht sie sich den Weg entlang. Geschmeidig ist ihr Gang. Sie sieht sehr gut im Dunkeln, ich sehe ihre Augen funkeln. Sie ist auf der Jagd, das geht Nachts besser als am Tag. So pirscht sie sich ganz langsam ran, ganz leise, Schritt für Schritt. Nun setzt zum Sprung sie an. Die Maus jedoch bekommt es mit und läuft so schnell sie kann. Mit leerem Magen läuft die Katze nun nach Haus. Das Abendessen fällt heute aus.

Das Krokodil

Ein Krokodil schwamm im Nil, Freunde hatte es nicht viel. Denn die meisten hatte es gefressen, auf´s Fressen war es ganz versessen. Doch überall auf den Wasserwegen hatte es ebenso gefräßige Kollegen. Früher machte der Mensch ihnen einfach den Garaus und schicke Taschen und Schuhe daraus. Doch heute ist das gar nicht mehr in Mode und so kommen sie durch Menschen nicht mehr zu Tode. Trotzdem wird es nie zu viele geben. Denn sie sind zu gefräßig und bringen sich gegenseitig ums Leben.

Das Mäuschen

Ein Mäuschen süß und klein, saß in meinem Hausflur ganz allein. Ich rettete ihr das Leben und fing es ein. Es sollte ab jetzt mein Haustier sein, denn ich fühlte mich so allein. Es sollte bei mir leben, ich wollte ihm Essen und was es brauchte geben. Das Mäuschen war sehr schüchtern und es blieb erst mal nüchtern. Obwohl ich mich so freute, das Mäuschen sich aber scheute. Es hatte Panik in den Augen, ich konnte es nicht glauben. Dann riss das Mäuschen aus. Ich rief: „Bleib hier! Bleib doch bei mir!" Aber sie rannte einfach raus aus meinem Haus, diese undankbare Maus!

Der Drache

Der Drache nahm Rache an dem Ritter, wie bitter! Denn die Prinzessin, schön wie der Glorienschein, die wollte der Drache für sich allein. Die Prinzessin musste Lachen, ihr gefiel der Drachen, aber so viel besser, als der Ritter mit dem großen Messer. Die Entscheidung fiel ihr nicht schwer, sie blieb bei dem Drachen und man sah sie nie mehr!

Mitternacht und Geisterstunde

Die Standuhr schlägt zum zwölften mal zur vollen Stunde. Mein Geist dreht jetzt seine Runde und heult grauenhaft aus aufgerissenem Munde. Jetzt rasselt er mit seinen Ketten, aber mein Geist, damit du es weißt, ist einer von den Netten! Eine Stunde nur dauert der ganze Spuk, dann verschwindet der Geist, dann hat er genug. Mein Geist ist wirklich sehr nett, jetzt gibt er Ruhe und ich gehe in' s Bett!

Frau im geschlitzten Gewand

Frau im geschlitzten Gewand, saß schwitzend am Strand, dachte so bei sich, kein Mann für mich wie ärgerlich. Noch saß sie auf der Lauer und das mit Ausdauer. Ein Mann das war ihr Wille, doch konnte sie keinen sehen ohne Brille. Aber da kam gerade einer an und es war ein Mann. Sie zückte ihre Brille und sah ihn an. Oh Schreck! Dann lief sie weg, stolpernd über den Strand im geschlitzten Gewand!

Der singende Drache

Es war einmal ein Drachen, der riss sehr weit auf seinen Rachen. Vor lauter Angst verging mir mein Lachen! Ich dachte, er wollte mich verschlingen. Doch statt dessen fing er an zu singen! Er sang sehr schön, von Tapferkeit und Mut. Doch hatte er es schwer, es klappte nicht so gut. Der Text des Liedes war ein Neuer. Und bei den hohen Tönen spie er Feuer. Er war ganz von der Rolle und verlor völlig die Kontrolle. Erst brannten nur Noten, dann brannte plötzlich alles und das ist streng verboten! Die Feuerwehr musste her! Sie löschten das Feuer mit Wasser. Der arme Drache wurde immer nasser. Der Drache wurde dann mit Schnupfen krank. Da gab er auf, den Gesang!

Der Kannibale

Es war ein Kannibale, der aß an seinem Mahle, er nagte an den Knochen, fasst hätte er gebrochen, dabei hat es so gut gerochen. Seine Frau war jung vor langer Zeit und es tat ihm wirklich leid. Er hatte solchen Hunger und es bereitete ihm Kummer. Er briet sie in dem Feuer, sie war ihm lieb und teuer. Ihr Fleisch war alt und zäh, es tat ihm wirklich weh. Es schmeckte nicht besonders fein, übrig blieb nur noch Gebein. Der Kannibale dachte jetzt, oh nein, jetzt bin ich ganz allein! Ich konnte doch nicht wissen, dass ich sie würde so vermissen.

Eine Meerjungfrau

Eine Meerjungfrau, schwimmt im Meer so blau. Neulich ist ein Schiff gesunken, es war mit Rum beladen, den hat sie getrunken. Sturzbesoffen ist sie auf den Meeresgrund gesunken. Da kam ein Piratenschiff und prallte auf das Riff. Ein Pirat ging über Bord und sank bis auf den Grund. Er machte einen tollen Fund. Eine Meerjungfrau und jede Menge Rum. Oh weia, das gab eine Feier! Doch die Meerjungfrau war wunderschön und so lieblich anzusehen. Er wollte nicht mehr von ihr gehen. Und sprach, soviel Rum und dich habe ich gefunden, meine Freiheit ist nun um, denn nun bin ich an dich gebunden. Weil es immer so sein muss, gab er ihr einen langen Kuss, dann waren sie verschwunden.

Jeder Mann an meiner Seite

Ist mein Leben trüb´ und leer, sag´ ich mir ein
Mann muss her! Doch jeder Mann an meiner
Seite, suchte ziemlich schnell das Weite! Das
machte mir mein Leben schwer. Vielleicht find´
ich bei Ebay einen Mann? Einen den ich lieben
kann und mit dem mir das nicht mehr passieren
kann? Ja, Ebay ist die richtige Adresse!
Und wenn er abhaut, kriegt er auf die Fresse!

Der Gentleman

Ich möchte einen Gentleman und keinen Held.
Einen der mir die Tür aufhält und vor mir auf
die Knie fällt. Dafür interessiert mich nicht sein
Geld. Ein Gentleman der nur mich liebt allein
und draußen vor der Tür im Regen steht, nur
um in meiner Nähe zu sein. Dann gehe ich
runter und bringe ihm einen Schirm das hat er
gern. Und das er einen Schnupfen kriegt und
sich unwohl fühlt das liegt mir fern. Er ist so
dankbar und küsst meine Hand, ein richtiger
Gentleman eben, zärtlich und galant! Das alles
tut er nicht zum Schein. Er lädt mich sogar zum
Essen ein. Beim Essen sagt er ganz charmant:
„Bitte reiche mir doch deine Hand. Ich gehe
mit dir in jedes Land. Wenn´s sein muss sogar
auf den Mond, obwohl es sich dort

beschwerlich wohnt. Aber auch hier auf der Erde, das kannst du mir glauben, lese ich dir jeden Wunsch von den Augen. Es ist mein Willen, dir jeden Wunsch zu erfüllen. " Ich sage: „Soviel muss es gar nicht sein. Bleib einfach bei mir und lass´ mich nicht wieder allein. Bist du nett und hast ein bisschen Verstand, gebe ich dir für immer meine Hand. " Seitdem bin ich nicht mehr allein, ich habe meinen Gentleman und das ist fein!

Teil 2 Liebes- und Lebenslyrik

Da war's um mich geschehen

Ich hab´ dich nur angesehen, da war es schon um mich geschehen. Beim zweiten Blick wurde es noch schlimmer. Wie soll das mit uns gehen? Ich habe keinen Schimmer. Ich muss nicht unbedingt mit dir Leben. Aber jetzt muss es dich unbedingt in meinem Leben geben, am liebsten für immer. Wenn du da bist vergehen meine Sorgen, ich fühle mich behütet und geborgen. Es kann mir nichts geschehen. Doch wie soll das nur gehen?

Ich trau mich nicht, dich mal zu fragen, habe zu viel Angst du könntest „nein" zu mir sagen. Da sind so viele Dinge die zwischen uns stehen. Wie soll das nur gehen? Ich ringe mit den Händen, gegen eine Freundschaft ist nichts einzuwenden. Eine Freundschaft, das ist abgemacht. Doch hast du auch daran gedacht, was alles geschehen kann, wenn uns niemand sehen kann? Doch was geht es andere an?!

Den Einen

Ob es den Einen wirklich gibt? Einen der mich richtig liebt? Der für immer bei mir bleibt und sich nicht mit anderen Frauen die Zeit vertreibt. Der nur treu und ehrlich ist und wenn ich mal nicht da bin, mich sehr vermisst. Einen der mich zum Lachen bringt, wenn ich mal in Selbstmitleid versink´. Und kann er mal nicht bei mir sein, fühle ich mich trotzdem nicht allein. Denn ich weiß, er hat mir sein Herz geschenkt, sodass er immer an mich denkt.

Was passt

Was passt das findet sich, darum verzweifle nicht. Bist du auch das Warten leid, es braucht alles seine Zeit, doch dein Glück, es kommt mit Sicherheit. Irgendwann hast du dein Glück gefunden und bist in Liebe an jemanden gebunden, Kälte und Einsamkeit sind dann für immer überwunden. Dann kommt eine schöne Zeit. Habe Geduld, bald ist es soweit!

Immer und Immer

Ich denke an dich Tag und Nacht, denn du hast das Feuer in meinem Herzen entfacht. Du bist meine Liebe, du bist mein Leben, kein anderer kann mir so viel geben. Ich werde dich begleiten, auf all deinen Wegen und für alle Zeiten. Denn du bist mein Segen. Und ich will nur dich, ein anderer Mann interessiert mich nicht. Nur bei dir vergesse ich meine Sorgen, nur bei dir fühle ich mich behütet und geborgen. Die Liebe in meinem Herzen flimmert, dich verlasse ich nimmer, ich bleibe bei dir für immer und immer.

Ich liebe das Leben

Ich liebe das Leben und die Liebe mit dir, ich will dir alles geben, gib auch du mir was dafür. Gebe mir Vertrauen und Zuversicht, damit unsere Liebe nie zerbricht. Gebe mir deine Liebe und dein Glück, du bekommst es tausendfach zurück! Ich möchte nie mehr im Leben ohne dich sein, die Liebe, die ich brauche, gibst nur du mir allein. Seite an Seite, ein ganzes Leben, zueinander zu halten auf steinigen Wegen. Das ist schwer, doch viel schwerer ist es ohne dich zu sein. Dann wäre mein Leben leer und ich wäre einsam und allein.

Du

Ich bin so froh dass es dich gibt, vielleicht bin ich in dich verliebt. Ich kann es nicht mit Sicherheit sagen, es auszusprechen würde ich nicht wagen. Ich würde dich so gerne sehen, würde gerne zu dir gehen. Alles würde sich nur noch um dich drehen. Ich kann dir nicht mehr widerstehen. Möchte zärtlich meine Arme um dich schließen und so gern deine Nähe genießen, dich ganz fest umfassen und dich nie wieder gehen lassen.

Ferdinand

Du hast auf meinen Schoß gesessen, warst so
liebevoll und zärtlich zu mir, ich werde dich
niemals vergessen. Ich habe alle meine Katzen
geliebt, aber nicht geglaubt dass es einen Kater
wie dich gibt. Du hast mir voll Liebe tief in die
Augen geblickt. Ich bin überzeugt, dich hatte
mir der Himmel geschickt. Leider nur für eine
viel zu kurze Zeit. Darauf folgte unvorstell-
bares Leid. Du wurdest sehr krank und mir
wieder genommen. Warum ist dieses furchtbare
Unglück gekommen? Zwei Wochen musstest
du noch so schrecklich leiden und am Ende
trotz aller ärztlicher Hilfe von mir scheiden.
Der Schmerz fing an mich auszuweiden.

Ich war so von deiner Liebe und deiner
Zärtlichkeit besessen, mein süßer Ferdinand,
niemals werde ich dich vergessen!
Als du bei mir warst, war es das größte Glück,
trotzdem musstest du wohl wieder in den
Himmel zurück. Ich weine noch immer und
bitte dich, bitte warte im Himmel auf mich.

Unerwiderte Liebe

Du bist nicht hier, ich sehne mich so sehr nach
dir. Du bist nicht da, aber mir trotzdem schon
sehr nah. Ich liebe dich mit aller Gewalt. Auch
wenn du weit weg bist, ist mir nicht kalt. In
meinen Gedanken bin ich so sehr bei dir,
unglaublich nahe, als wärst du hier. Meine
unerwiderte Liebe ist so von Dauer, sie umgibt
mich wie eine undurchdringliche Mauer.
Niemals könnte ich lieben einen anderen mehr,
denn ich liebe nur dich so sehr. So wirst einzig
und allein, nur du tief in meinem Herzen sein.
Und wenn du mich nicht liebst, verzeih, ich
liebe dich so sehr, es reicht für zwei!

Gebrochenes Herz

Du hast mir mein Herz gebrochen, ich kam noch bei dir angekrochen, verlor meinen Stolz mir blieb nur mein Hoffen. Meine arme Seele, mein schmerzendes Herz, die Narben bleiben für immer, vergeht auch der Schmerz. Ich fühlte mich bei dir geborgen und beschützt. Es hat mir leider alles nichts genützt. Du hast mich einfach fallen lassen, doch trotzdem kann ich dich nicht hassen. Ich werde traurig weiter leben und dir einfach nur vergeben.

Mann wie ein Schrank

Ein Mann groß und breit wie ein Schrank, gut aussehend und mit Worten äußerst galant! Alles nur ein schöner Schein, damit wickelt er die Dame ein. Seine Augen groß und blau sind eine hypnotisierende Schau. Er sieht sie an und küsst ihre Hand, augenblicklich schwindet ihr der Verstand. Der Anstrengung gar nicht viel, hat er nun ein leichtes Spiel. Mädchen nehme dich in acht, er hat nur an seinen Spaß und nicht an dich gedacht. Falle doch nicht auf ihn rein, er ist doch nur eine schöner Schein. Nichts von ihm ist wirklich echt. Jetzt magst du dich freuen, später wirst du es bereuen. Und dann geht's dir schlecht!

Verlorene Liebe

Geschunden die Seele, verwundet das Herz, vom Lebensmut verlassen bei all dem Schmerz. Fühlt sich so krank, dass der Körper zittert, das Gesicht verweint und vom Gram verbittert. Woher der Gram warum das Leid? Es folgte einer schönen Zeit. Das Gesicht noch rosig, die Augen gestrahlt, voll Liebe und Mut die Zukunft gemalt. Die Zeit der Liebe, voll Freude und Glück, die Zeit mit dir, wünsch ich mir immer zurück.

Internetliebe

Ich möchte dich für immer im Herzen bewahren, denn du bist mir unter die Haut gefahren. Ich hab dich so unendlich gern. Dich zu verletzen liegt mir fern. Persönlich kenne ich dich nicht und trage dich so fest im Herzen. Müsste ich dich enttäuschen, würde ich sterben vor Schmerzen. Du sollst niemals wegen mir leiden, lieber würde ich mich selbst ausweiden. Ich war so von dir gefangen und ich war dir immer treu, das ist dir doch nicht neu. Aber du bist fremd gegangen. Bin jetzt so traurig und verdrossen, du hast mich eiskalt abgeschossen. Zu stark war dein Verlangen, du konntest nicht auf mich warten und hast was mit einer Anderen angefangen. Mir das zu sagen, konntest du dich nicht überwinden. Es ist ziemlich feige ohne was zu sagen, aus meinem Leben zu verschwinden!

Verlassen

Ich hatte mich in dich verliebt und konnte es nicht fassen. Du hast mich ständig angelogen und auch mit anderen Frauen betrogen, du konntest es nicht lassen. Du warst nie da wenn ich dich brauchte. Du ahnst ja nicht wie mich das schlauchte. Ich habe lange nachgedacht und dann Nägel mit Köpfen gemacht. Nun habe ich dich verlassen und das kannst du nicht fassen!

Aufgewacht

Gott sei Dank bin ich aufgewacht, denn ich habe nachgedacht. Darum räume ich das Feld, ich will dich nicht du Frauenheld! Du bist für mich kein großer Verlust, hast meine Liebe nicht zu schätzen gewusst. Hast sie sogar mit Füßen getreten und ich habe nichts anderes getan, als dich anzubeten. Ich war so von dir geblendet, habe Zeit und Gefühle für dich verschwendet. Du hast mir so das Leben erschwert, dabei warst du es gar nicht wert!

Zusammengebraut

So viele Gedanken in meinem Kopf, die ihr Unwesen treiben. Sie tun mir nicht gut, sie lassen mich leiden. Doch finde ich keinen Knopf um sie auszuschalten, wie soll ich da einen kühlen Kopf behalten? Meine Gedanken mich zerfressen, ich würde sie so gern vergessen. Es rauscht in meinem Kopf so laut, wer weiß, was sich da zusammenbraut. Ich bin freundlich und friedlich zu allen und lasse mir endlos viel gefallen, meine leisen Warnungen im Wind verhallen. Ich lasse so viel über mich ergehen und wehre mich nicht, ihr könnt es nicht verstehen und wollt in mir den Schwächling sehen. Doch Vorsicht, treibt es nicht zu doll. Ihr seht ja nicht, wenn das Maß ist voll.

Mit meiner Geduld ist es dann aus und es bricht

aus mir heraus. Einem Vulkanausbruch gleich,

eure Gesichter sind vor Schreck ganz bleich.

Doch schaut, das hat sich alles ganz langsam in

meinem Kopf zusammengebraut.

Wunderschöner Abend

Wunderschöner Abend, romantische Nacht. Du hast mir eine Rose mitgebracht. Es hat sofort gefunkt, wer hätte das gedacht. Wir haben im Biergarten gesessen, getrunken, geraucht und auch gegessen. Dann haben wir Sekt getrunken, da flogen schon die ersten Funken. Danach haben wir uns aufgerafft, denn es war eine laue Vollmondnacht. Wir sind auf einen Turm gegangen, der Sonnenuntergang hatte gerade angefangen. Dann gab es ein Feuerwerk, danach ist der Vollmond aufgegangen und wir haben den Zauber dieser Nacht eingefangen. Es war unvergesslich schön, mit dir Arm in Arm zu stehen und die schöne Aussicht anzusehen. Ich wollte nie wieder gehen.

Es war wie ein wunderschöner Traum, leider ging es viel zu schnell vorbei, man glaubt es kaum. Es war einfach zu schön um wahr zu sein. Dann bin ich aufgewacht und war allein.

Der französische Student

Er kam dann und wann in meine Bibliothek,
wo er dies oder das aus Büchern schrieb. Aber
eine Nachricht für mich, fand ich leider nicht.
Er hypnotisierte mich mit seinen blauen Augen.
Ich konnte es manchmal gar nicht glauben.
Schon beim ersten mal, da öffnete ich ihm die
Tür zum Lesesaal. Ich sah ihn da stehen, da
war es schon um mich geschehen. Doch leider
musste er bald wieder gehen. Dann kam er
lange Zeit nicht mehr. Mein Herz wurde so
schwer, wie beschwert mit Steinen und ich
musste schrecklich weinen. Gerötet verweint
senkte ich die Lider. Doch am nächsten Tag, da
kam er wieder. Mein junger Franzose, in der
Hand eine Rose. Er sagte, die schenke ich dir,
denn du gehörst zu mir.

Die Gedanken

Die Gedanken sind frei, doch sie sind nicht einerlei. Schlechte Gedanken lassen dich erkranken. Sie tun dir nicht gut, rauben dir die Kraft und nehmen dir den Mut. Durch positives Denken, kannst du deine Gedanken in die richtigen Bahnen lenken. Du musst deine Gedanken reinigen, dann können sie dich nicht mehr peinigen. Gute Gedanken spenden Kraft und Energie, schlechte Gedanken tun das leider nie. Bist du glücklich, zeigt dein Gesicht das durch ein Lächeln an, umgekehrt geht das auch, selbst wenn man es nicht glauben kann. Bist du nicht glücklich, dann lächel trotzdem so, als wärst du unheimlich froh. Du glaubst es nicht, aber das Lächeln in deinem Gesicht, taucht auch deine Seele in beglückendes Licht.

Das ist Magie

Das ist Magie! Ein bisschen weiße Magie schadet nie! Ein kleiner Zauber hier ein bisschen Hokus Pokus da und schon ist alles klar. Zaubert guter Zauber auch Probleme weg, so ist böser Zauber ein großer Schreck. Drum Vorsicht bloß, böser Zauber geht immer nach hinten los. Schwarze Magie ist gefährlich und schadet immer, sie macht alles bloß noch schlimmer. Alles Böse was jemand ausgesandt, bringt niemals Glück und fällt immer dreimal so stark, auf diese Person zurück!

Die Phantasie

Feen und Elfen, sind dazu da um allen zu helfen. Das ist doch klar! Doch ich muss gestehen, ich habe noch nie welche gesehen. Dabei wäre es phantastisch und wunderschön, sie über Wiesen und in den Wäldern schweben zu sehen. Doch sehen wir sie nur in unserer Phantasie. Im realen Leben leider nie. Es ist wichtig, sich seine Phantasie zu bewahren, denn durch sie können wir wundervolle Dinge erfahren.

Wunder

An Wunder und Magie, glauben wir aufgeklärten Menschen nie. Doch es gibt Phänomene und das kann keiner verwehren, die kann man allein mit Wissenschaft nicht erklären. Gibt es ein Leben nach dem Leben? Niemand kann uns darauf eine Antwort geben. Wenn wir sterben wandert unsere Seele wirklich in den Himmel? Oder ist das nur ein religiöser Fimmel? Wird unsere Seele weiter Leben? Dieses Wissen wollen wir alle erstreben. Doch auch darauf kann uns niemand eine Antwort geben. Es gibt so viel auf dieser Welt, wir wissen dass ein Wunder nicht vom Himmel fällt. Doch mitunter passieren wirklich Wunder. Wir können viele Widerstände überwinden, forschen und suchen und werden dafür doch keine Erklärung finden.

Der Wolf

Der Wolf schleicht einsam durch den Wald. Der Vollmond scheint, in seinem Herzen ist es kalt. Er hat sein Rudel verloren vor langer Zeit, sein Weg ist verworren und endlos weit. Plötzlich hört er ein Heulen und er macht halt. Er lauscht in die Nacht, dass Heulen ganz in seiner Nähe schallt. Mein Rudel, schießt es ihm in den Sinn, er läuft in die Richtung des Heulens hin. Plötzlich sind Einsamkeit und Kälte überwunden, er hat endlich sein Rudel wieder gefunden.

Mein einsamer Schwan

Auf einem See schwimmt ein einsamer Schwan, er ist weiß wie Schnee. Einfach wunderschön und prachtvoll anzusehen.
Mit diesem Schwan fühle ich mich auf unerklärliche Weise verbunden. Es ist als hätte ich einen guten Freund gefunden. Jedes mal an diesem See, kaum das ich am Ufer steh´ und wenn ich ihn noch gar nicht seh´, kommt er schon angeschwommen, als hätte er meine Sehnsucht vernommen. Majestätisch streckt er sein Gefieder und zeigt mir, ich erkenne dich wieder. Es ist schön bei diesem Schwan zu sein, ich fühle mich wohl und nicht mehr allein. Seit Jahren fahre ich nicht mehr an diesen See, vielleicht ist mein Schwan nicht mehr da und das täte mir weh.

Was ist nur in mich gefahr´n, dieser Schwan,

er hat´s mir angetan. Es ist als wäre ich von

ihm besessen, niemals werde ich ihn vergessen.

Teil 3 Kritische Lyrik

Katastrophen

Katastrophen halten Einzug in unser Land, die Natur ist außer Rand und Band. Wir haben es schon lange nicht mehr in der Hand. Wir sind auf diesem wunderschönen Planeten geboren und haben längst die Kontrolle verloren. Des Geldes wegen machen wir unsere Umwelt kaputt und zerstören. Es ist viel zu spät um damit aufzuhören. Unsere Pole schmelzen ab, der Klimawandel hält uns schon auf Trab, unsere tropischen Regenwälder holzen wir aus Profitgründen selber ab und die Zeit wird knapp. Die Verantwortung dafür tragen wir Menschen allein, dabei sind wir so machtlos und so klein und bilden uns ein, der Mittelpunkt des Universums zu sein.

Die Kanzlerin

Die Frage klingt in ihrem Ohr. Was haben Sie als Nächstes vor? Denn für Geld zerstören Sie die Welt. Recht, Ordnung, Meinungsfreiheit und Sicherheit haben Sie bereits abgeschafft und Ihr Wohlwollen dem islamischen Volk entgegengebracht. Wer seine Meinung frei dazu sagt, der wird als Rechtsextremer verklagt. Es ist das deutsche Volk, das hier verliert. Sie haben Deutschland in Grund und Boden regiert. Und sollte jemand trotz ehemaliger Meinungsfreiheit, etwas gegen Ihre Ausländer-Politik sagen, der wird sofort mit der Nazikeule erschlagen.

Der Supergau

Ein Kernkraftwerk ist explodiert, es war nur
ein Unfall, so was passiert. Trotz
ausgeklügelter Sicherheit, davor ist man nicht
gefeit. Es ist eine unausgereifte Technologie,
wirkliche Sicherheit gibt es da nie. Wie wird
der atomare Abfall in Endlagern geborgen?
Auch das ist nicht geklärt und macht mir
Sorgen. In Tschernobyl und Fukushima gab es
schon einen Supergau. Doch die Menschheit
wird nicht schlau. War es auch ein ziemlicher
Schreck, Fukushima ist so weit weg.
Tschernobyl ist lange her, das zu vergessen fällt
nicht schwer. Es macht doch alles gar nichts
aus. Sehen wir doch in eine strahlende Zukunft
hinaus.

Der Mensch

Der Mensch ist manchmal gar nicht fein, vom
Charakter her auch oft gemein und weil er
seine schlechten Charakterzüge oft selber nicht
ertragen kann, dichtet er sie unschuldigen
Tieren an. „Der Wolf ist böse", „der Esel ist
dumm", „die Katze falsch" und „der Fuchs ist
listig und von hintenrum!" Das sind alles
menschliche Charakter-Eigenschaften, die
vielen Menschen anhaften. Alles menschlich
Schlechte, dichten wir den armen Tieren an!
Doch die Tiere sind völlig unschuldig daran.

Zwei Biber

Ich las´ in einem Wochenblatt, dass in großer Sorge ist die Stadt. Denn man glaubt es kaum, zwei Biber knabberten an der Rinde von so manchem Baum. Diese schöne Stadt der Gesundheit und der Kur, man kann nicht zulassen, dass diese Tiere zerstören die Natur. Also ruft man den Jäger dazu, zweimal macht es bumm und dann ist Ruh´! So schnell kann man Probleme beheben, was haben wir doch für ein entspanntes Leben. Die Biber hat man abgeknallt, zum Glück macht sich niemand Sorgen um die Abholzung vom tropischen Regenwald!

Anmerkung:

Ob man die Biber wirklich erschossen hat, weiß ich nicht.

Der Elefant

Ein Elefant ist sehr groß und grau, darüber
hinaus ist er auch noch ziemlich schlau. Dass er
ein Dickhäuter ist, steht in jeder Tierfibel. Doch
unter seiner dicken Haut ist er ziemlich
sensibel. Leider ist er zu groß, um sich gut zu
verstecken. Sodass die Wilderer ihn leicht
entdecken. Sie sind grausam und gemein und
töten ihn für´s Elfenbein. Doch damit ist er
leider nicht allein. Große Herden rotten
Wilderer und Großwildjäger aus. Das Elfenbein
nehmen sie mit nach Haus. Die Elefanten
sterben aus. Für das Elfenbein bekommen die
Jäger viel Geld, aber afrikanische Elefanten
gibt es nur noch sehr wenige auf dieser Welt.

Die Eisbären

So ein Eisbär hat es schwer! Dabei ist es noch gar nicht lange her, da war die Arktis, so wie sie ist, für Eisbären noch ein Paradies. Damals war die Arktis, wie sie war, für Eisbären einfach wunderbar. Sie hatten jede Menge Packeis und Eisschollen, konnten da jagen und herum tollen. Doch jetzt wird ihr Lebensraum und ihre Nahrung knapp, denn unsere Pole schmelzen ab. Die Temperaturen, die sind hoch gegangen, auch im dicksten Eis, hat die Schmelze angefangen. Das darf es doch nicht geben, die Eisbären müssen immer härter kämpfen um zu überleben! Dabei hätte ich traurig geschworen, sie haben diesen Kampf schon fast verloren!

Massentierhaltung

Welch ein Grauen, man mag gar nicht schauen,
aber so ist es nun mal, für die sogenannten
Nutztiere lebenslange Qual. Kälbchen haben
eben erst das Licht der Welt erblickt, schon
werden sie in die Hölle geschickt. Sie werden
sofort den Müttern entrissen und in die
Fleischverarbeitung geschmissen. Die
Mutterkühe werden angekettet und
eingepfercht in kleinen Spaten, können sich
nicht bewegen und haben kaum Platz zum
Atmen. Ihr ganzes Leben dient nur dazu uns
Milch und Fleisch zu geben. Nie haben sie die
Sonne gesehen und nie durften sie auf schönen
Wiesen stehen. Für sie gibt es keine saftigen
Weiden. Sie wurden geboren um zu leiden! Die
Menschen ständig von Gier getrieben,

verachten jedes tierische Leben. Sie sehen nur den Profit im Leben und sehen leider nicht wie viel Gutes die Tiere uns geben. Der Mensch, der sich die Krone der Schöpfung nennt, quält freundliche Tiere ungehemmt. Führte jeder von uns ein gemäßigtes Leben, müsste es keine Massentierhaltung geben.

Jägerironie

Ein Jäger stapft schwer bewaffnet durch den Wald.
Ein mutiger Sportsmann, angeblich ganz ohne
Gewalt, doch alles was lebt, wird von ihm abgeknallt.
Artenvielfalt hin und her, ein Jäger hat es wirklich
schwer, schützt er doch nur die Natur. Rehe, Füchse
und auch Hasen, sind gefährliche Tiere, die den
ganzen Wald abgrasen. Mutig schreitet unser Jäger
ein, denn die Natur schafft es angeblich nicht allein.
Doch was keiner ahnen kann, unser Jäger, der hat
Spaß daran. Das Töten, das liegt ihm im Blut, er ist
stolz darauf, weil er doch etwas Gutes tut und das
erfordert sehr viel Mut. Junge Füchse kaum geboren,
haben keine Chance und schon verloren. Unser guter
Jägersmann, richtet wieder ein Blutbad an. Ist er dann
fertig, welche Wonne, wirft er die toten Füchse
einfach in die Tonne. Um ein Reh zu schießen, da
kann er warten. Denn das gibt einen schönen Braten.
Wir sollten nicht nur unsere Füchse schützen,

es sind alles gute Tiere die uns sehr viel nützen. Doch für Jäger gilt das nicht, der Spaß am Jagen, steht ihnen im Gesicht. Gegen Argumente schließen sie die Schotten und töten Millionen Füchse, als ginge es darum sie auszurotten. Die Jäger sind nicht nur im Wald, sie machen auch unsere Haustiere kalt. Ist eine Katze nur 200 m entfernt vom Haus, holt der Jäger seine Flinte raus und löscht das Leben unseres Haustiers aus. Die Baujagd ist auch sehr beliebt, weil sie so manchem Jäger noch mehr Befriedigung gibt. Hier hetzt der Jäger seine Hundemeute in den Fuchsbau, eine ganze Fuchsfamilie mit Jungfüchsen ist seine Beute. Sie werden in der Luft zerrissen und von den Hunden tot gebissen. Der Jäger sitzt dabei, die Qualen dieser Tiere sind ihm einerlei. Wer es gern bequemer mag, für den gibt es die Gatterjagd. Hier werden keine Tiere aus dem Bau gezerrt, sie werden einfach eingesperrt. Von Außen werden sie dann unverdrossen, auf der Stelle tot geschossen. Das alles ist für uns ein Graus, trotzdem gibt der Jäger sich als „Tierschützer" aus. Bei der Jagd wird so viel Blut vergossen, eine halbe Million Füchse wird jährlich in Deutschland tot geschossen.

Anmerkung

Das Argument der Jäger für die Jagd ist, dass das Wild keine natürlichen Feinde, wie Bär, Wolf, oder Luchs, mehr hat. Deswegen müsse der Jäger eingreifen, damit unsere Waldtiere sich nicht zu sehr ausbreiten können. Die natürlichen Feinde wurden von Jägern vor Jahrzehnten ausgerottet. Heute gilt dieses Argument nicht mehr, da die natürlichen Feinde längst in unsere Wälder zurück gekehrt sind. Und obwohl sie unter Naturschutz gestellt sind, kämpfen nun die Jäger darum, das sie wieder zum Abschuss frei gegeben werden. Manche töten sie auch ohne Genehmigung. Der Wolf, ist erst wieder in unsere Wälder zurück gekehrt und stand erst unter Naturschutz, ist aber leider schon wieder zum Abschuss freigegeben. Das die Jäger den Fuchs so stark bejagen, begründen sie damit, dass der Fuchs die Fasane ausrottet. Was eine Lüge ist, da die Jäger auch die Fasane abschießen. Kein Tier rottet in der Natur ein anderes aus. So etwas passiert nur, wenn der Mensch eingreift und somit der Gleichgewicht der Natur aus dem Takt bringt. Wenn die Füchse nicht mehr bejagd werden, würde sich automatisch ihre Geburtenrate reduzieren. Es ist wissenschaftlich bewiesen, dass die Jagd für die Natur keinen Nutzen hat.

Pestizide

Meine Terrasse ist so leer, es gibt da draußen kein Leben mehr. Vor ein zwei Jahren und das ist nicht gelogen, kamen Hummeln, Bienen, Wespen und sogar Schmetterlinge vorbeigeflogen. Wir kleinen Bürger sind so angeschmiert, werden wir doch von grenzenloser Dummheit regiert. Leider ist das höchste politische Bestreben, nicht in dieser Welt zu überleben. Denn unsere Politiker entscheiden immer für die Wirtschaft und das Geld. Leider nicht für unser Überleben und nicht für unsere Umwelt. Es wird immer alles in Profit und Geld gemessen. Dabei dürfen wir doch nicht vergessen an Glyphosat wird nicht gespart. Damit vergiften wir nicht nur jedes Feld, sondern auch alle Insekten, Kleintiere

und unsere Umwelt. Regnet es und alles ist
nasser, sickert das Gift auch in unser
Grundwasser. Irgendwann können wir es nicht
mehr trinken, das lässt mich in trübe Gedanken
versinken. Bei allen politischen Bestreben,
ohne sauberes Wasser gibt es auf unserer Welt,
kein Leben. Das ist alles nicht zu fassen. Es
liegt doch in unserer Verantwortung, unseren
Kindern eine lebenswerte Welt zu hinterlassen.

Sollte ich in speziellen kritischen Gedichten evtl. zu
Verallgemeinerungen geneigt haben, bitte ich darum dies zu
entschuldigen. Es geht in diesen Gedichten nur um meine
persönliche Sichtweise. Gleichzeitig möchte ich darauf
aufmerksam machen, das es „nur" Gedichte sind und ich
wirklich niemanden persönlich diskriminieren oder beleidigen
möchte!